LEA AUBERT

HOROSKOP DER LIEBE

STERNZEICHEN

JUNGFRAU

Ausgabe 2014
Umschlaggestaltung: Allen Lee
Titelabbildungen: aus Bildern von dreamstime.com
Herstellung und Verlag: Books on Demand GmbH, Norderstedt
Printed in Germany

ISBN 9783839130292

Inhalt

5
Die Sage der Jungfrau

7
Die Jungfrau-Frau
Erotische Vorlieben der Jungfrau-Frau

15
Der Jungfrau-Mann
Erotische Vorlieben des Jungfrau-Mannes

23
Jungfrau und …
Widder
Stier
Zwillinge
Krebs
Löwe
Jungfrau
Waage
Skorpion
Schütze
Steinbock
Wassermann
Fische

49
Die astral-erotische Biokurve der Jungfrau-Frau
Die astral-erotische Biokurve des Jungfrau-Mannes

54
Verweise, Literatur

Das Sternbild der Jungfrau

Virgo

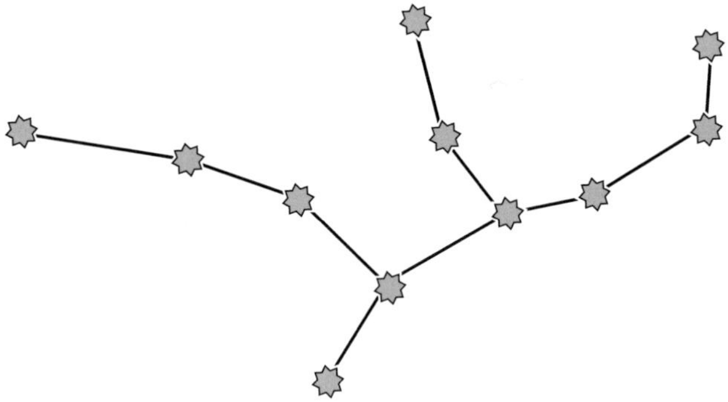

Die Sage der Jungfrau

Das Sternbild der Jungfrau gehört zu den größten des Abendhimmels. Es liegt zwischen den Sternbildern des Löwen und der Waage. Die Sterne stellen den liegenden Körper eines Menschen dar.

In der griechischen Mythologie wird das Sternbild der Jungfrau Persephone zugesprochen. Sie war die Tochter des Göttervaters Zeus und der Fruchtbarkeitsgöttin Demeter.

Hades, der Herrscher der Unterwelt, entführte Persephone und nahm sie zur Frau. Zeus kam ihr nicht zu Hilfe. Und so muss Persephone von nun an eine Hälfte des Jahres im Hades verweilen. Die zweite Hälfte des Jahres darf sie auf der Erde verbringen. Die Trauer, die die Mutter Demeter jedes mal dann befällt, wenn ihre Tochter in die Unterwelt hinabsteigen muss, ist so groß, dass die Pflanzen welken und die Bäume ihre Blätter abwerfen.

So kommt es zur Abfolge der Jahreszeiten:
Herbst und Winter sind fortan die Zeiten, die Persephone in der Unterwelt verbringen muss. In diesen Zeiten herrscht Kälte und Unfruchtbarkeit. Kehrt Persephone auf die Erde zurück, erleben wir Frühling und Sommer. Demeters Gemüt hellt sich auf und sie schenkt der Erde Wachstum und Ernte.

Die Jungfrau-Frau

Die Jungfrau-Frau übt sich gewöhnlich in Selbstbeherrschung und Disziplin. Sie kann deshalb auf ihre Mitmenschen etwas reserviert oder kühl wirken. Lernt man sie aber besser kennen, wird man in ihr eine Vertrauensperson finden, wie kaum in einem anderen Tierkreiszeichen.

Sie besitzt einen analytischen Verstand, der ihr ermöglicht, Gefahrensituationen gekonnt zu umschiffen. Treten andere immer ins Fettnäpfchen – sie erkennt fast alle vorher und vermeidet daraus resultierende Konflikte.

Im Herzen ist die Jungfrau-Frau eine harmoniesüchtige Zeitgenossin. Ihr liegt nicht viel an Streit und kommt es dennoch einmal dazu, wird sie die Erste sein, die dafür sorgt, dass sich die Wogen wieder glätten.

Fast alle Jungfrau-Frauen lieben das Lesen. Sie lassen ihren Gedanken dabei freien Lauf und können sich in ihrer Fantasie in die entferntesten Länder begeben. Sie neigen zu Träumereien, verfolgen Sie aber selten so ehrgeizig, dass sie diese Ideen auch in die Tat umsetzen. Träumen alleine genügt schon, um ein paar Minuten dem stressigen Alltag zu entfliehen.

Im Berufsleben ist die Jungfrau eine gewissenhafte und fast pedantische Kollegin. Sie spürt Rechtschreibfehler auf und hat einen Sinn für Ausdruck und Grammatik.

Gibt man ihr Verantwortung, wird sie diese nie Missbrauchen. Sie lenkt ihre Mitarbeiter mit kollegialer Vernunft. Dabei ist sie kaum ungerecht oder selbstherrlich.

Entscheidet sie sich für Kinder, macht ihr es in der Regel nichts aus, ihren Beruf für diese Herausforderung aufzugeben. Sie hängt nicht an bereits erreichten Leistungen. Dafür aber an Gegenständen, mit denen sie sich gerne zur Erinnerung umgibt. Hier kann sie viele Räume füllen und jedes Stück hat seine ganz bestimmte Geschichte für sie.

Die Jungfrau-Frau bindet sich erst spät im Leben. Sie hat nicht sehr viele, jedoch länger andauernde Beziehungen vor ihrer Ehe. Oft treffen Jungfrauen ihre Jugendliebe wieder und führen dann eine glückliche Ehe. Sie schätzen an einem Mann hauptsächlich seine Bodenständigkeit und Verlässlichkeit.

Ihre Kinder erleben sie als aufopfernde Mutter. Bei Aufführungen ihrer Sprösslinge ist sie immer stolz dabei und erzählt gerne von ihrem guten Verhältnis auch zu den älteren Kindern.

Ihren Haushalt führt sie gewöhnlich akkurat und sauber. Sie hält Ordnung und setzt diese auch gegen Mann und Kinder durch. Lädt sie Freunde ein, hat sie alles perfekt organisiert. Es kommt bei ihr einfach nicht vor, dass das Essen nicht fertig ist oder am Abend die Knabbereien fehlen.

Obwohl sie eine tolle Mutter ist und immer alles möglichst perfekt erledigt, macht sie sich oft Vorwürfe und Sorgen – besonders, wenn die Kinder flügge werden und das gemachte Nest verlassen. Kommen Sie mit schlechtem Benehmen, Drogen oder mit unpassenden Freunden in Kontakt, kann ihr das die größten Sorgen bereiten. Sie leidet in diesem Fall mit und such permanent nach Auswegen aus dieser Situation. Die Idealvorstellung einer intakten Familie und eines vorgezeichneten Lebensweges trägt sie eingemeißelt in sich und verfolgt das Leben ihrer Kinder bis ins Erwachsenenalter sehr aufmerksam. Oft zieht sie unbemerkt im Hintergrund die Fäden und eröffnet so Chancen und verhindert Unglücke.

Die in der Jungfrau Geborene legt großen Wert auf ihre Kleidung. Sie schlägt niemals ins Extravagante um – jedoch bevorzugt sie kleine freche Accessoires. Da ihre Selbstdisziplin ausgeprägt ist, wird sie immer vor oder während eines Essens kurz auf die Toilette verschwinden, um ihr Aussehen zu überprüfen. Nicht selten kann sie auch den erotischsten Moment zu jedem Zeitpunkt abbrechen, weil sie sich wünscht, kurz vorher noch einmal zu duschen.

In wirtschaftlichen Dingen handelt sie sehr überlegt und sparsam. Sie achtet auf Qualität ohne in Markenwahn zu verfallen. Oft steuert sie deshalb mehrere Geschäfte beim Einkaufen an, als alles – aber dafür aber nicht so gut – beim Supermarkt einzukaufen. Nicht zuletzt besucht sie gerne die kleinen Läden mit Beratung. Die Verkäufer kennen sie meist schon mit Namen und wissen ihre freundliche Art zu schätzen. Smalltalk liegt ihr und bei dieser schönen Freizeitbeschäftigung erfährt sie Neuigkeiten, die gerade kursieren.

Als Verführerin ist sie selbstsicher und Bescheiden. Niemals würde sie eine Rolle spielen, der sie nicht gewachsen ist. Sie kennt die Bedürfnisse der Männer und die Mechanismen, die beim Flirten wirken. So wird sie nie als Mauerblümchen enden. Denn ihre Signale sendet sie deutlich und unübersehbar – dabei aber so dezent, dass der Prinz sogar dem Glauben erliegt, dass er es gewesen wäre, der sie verführt hat. Sie lässt ihn gerne in diesem Glauben denn sie hat ihr Ziel ja erreicht.

Manchmal läuft sie Gefahr, den falschen Mann auszuwählen. Dann erkennt sie erst zu spät, was sie alles für ihn aufgegeben hat. Als Folge kann sie sich Illusionen hingeben, die nicht den Tatsachen entsprechen. Warnungen ihrer Freundinnen will sie einfach nicht hören und weint sich dann an deren Schultern später aus.

Einen soliden Mann, der vielleicht sogar etwas langweilig, älter als sie und noch nicht einmal gutaussehend ist, zieht sie einem adretten Vertreter seines Geschlechts vor, wenn dieser sie geistig mehr herausfordert. Sie legt keinen Wert auf äußerliche Qualitäten. Auf einen Mann muss Verlass sein. Dieser Grundsatz ist ihr Mehr wert als das Erscheinungsbild.

Erotische Vorlieben der Jungfrau-Frau

Die Jungfrau-Frau glorifiziert Sex nicht als wundervollste Betätigung der Welt. Sie verliert ihn deswegen aber nicht aus den Augen. Sie lässt es einfach nicht dazu kommen, dass er ihr Leben bestimmt. Sie läuft deshalb kaum Gefahr in sexuelle Abhängigkeit zu geraten.

Für Jungfrau-Frauen gibt es unendlich viele schöne Dinge auf dieser Welt – Sex ist nur ein Teil davon. Natürlich kann sie an einen Liebhaber geraten, der mit seinen Künsten etwas in ihr weckt, das sie so noch nie erlebt hat. Doch bleibt sie selbst dann auf dem Boden der Tatsachen und gibt sich kaum Träumereien hin. Dazu ist sie eine zu ausgeprägte Realistin.

Im Bett liebt sie keine Prahlerei und ein Mann, der nach dem Akt Bewunderung ernten will, wird von ihr regelrecht verachtet. Bescheidenheit liegt ihr auch hier und sie wird selten in Ekstase schreien oder wild werden. Selbstkontrolle ist eine der höchsten Tugenden der Jungfrau.

Man irrt allerdings, wenn man denkt, dass auf dieser eher sachlichen Ebene kein guter Sex stattfinden könnte. Gerät sie an einen Liebhaber, der großen Wert auf Sauberkeit und Körperpflege legt, wird sie gerne mit ihm Baden, oder sich auf Spielereien einlassen. Oralsex kann sie lieb gewinnen, wenn man ihr Zeit lässt, sich daran zu gewöhnen.

Sex mag sie am liebsten im Dämmerlicht oder in der Dunkelheit. Es sollte sich vieles im Verborgenen abspielen. In diesem Ambiente kann sie sich am Besten entspannen und wird hier am ehesten alle Hemmungen fallen lassen. Sie kann – wenn sie nicht genau gesehen wird – regelrecht zu einer anderen Persönlichkeit werden. Dann ist sie Verführerin, aufreizende Liebhaberin oder Tier und mag es auch derber oder härter. Ihre Seele bleibt geheimnisvoll und bedarf eines einfühlsamen Liebhabers, der sie erforscht wie eine Landkarte.

Der Jungfrau-Mann

Der Jungfrau-Mann ist kein Draufgänger. Er setzt hohe Maßstäbe an seine Umwelt und vor allem an sich selbst. Er ist ehrgeizig und wissbegierig. Er lernt aus Erfahrungen und macht jeden Fehler – wenn überhaupt – nur einmal.

In Firmen ist er geschätzter Mitarbeiter, der durch seien analytischen Fähigkeiten seinen Kollegen einiges voraus hat. Wird er mit einem Problem konfrontiert, wird er Recherchen anstellen und das notwendige Wissen auch in Form von Expertenmeinungen beschaffen.

Mit seinem verdienten Geld geht er sorgsam um und lebt kaum luxuriös oder verschwenderisch. Die Ausgabe von viel Geld für einen Luxusgegenstand ist für ihn oft unverständlich. Er fragt sich dann immer wieder, wofür er dieses Ding denn eigentlich benötigen sollte. Gewinnt er im Lotto, ist er imstande alles Geld unangetastet auf der Bank zu lassen und jahrelang sein bisheriges Leben weiter zu führen. Von den Zinsen leistet er sich so bescheidene Dinge, dass seine Mitmenschen nie erraten würden, dass er in Wirklichkeit Millionär ist. Es gehört nicht zu seinem Stil, sein Geld zu zeigen, geschweige denn damit zu prahlen, wie viel er verdient oder was für einen tollen Job er hat. Er geht davon aus, dass das sowieso niemanden zu interessieren hat.

In einer Beziehung übt er sich in Selbstbeherrschung und wird sogar in Meinungsverschiedenheiten nicht ausfallend. Der Jungfrau-Mann bleibt sachlich. Er verletzt in Streitereien niemanden und bleibt immer so nüchtern, dass er sich selbst beherrschen kann. Für Frauen, die einen ruhigen verlässlichen Pol suchen, ist er der ideale Mann. Allerdings müssen sie sich damit abfinden, dass sein Charakter nicht gerade vor Spontaneität glänzt. Seine Vorzüge als Ehemann liegen auf anderem Gebiet. Er sorgt verantwortungsbewusst für seine Familie und ist treu. Es liegt ihm fern, andere Frauen zu verführen – denn eine Ehe oder sogar schon eine Beziehung bedeutet für ihn mehr als nur ein Übergangsstadium.

Ein Fehltritt der Partnerin kann ihn gerade deshalb so verletzen, weil er selbst so hohe Ansprüche an sich hat und diese immer auch im Gegenüber vermutet. Natürlich lebt nicht jeder in diesen selbst erstellten Moralvorstellungen und Prinzipien. Das macht ihn für Freunde manchmal zum Spielverderber. Denn er hat einen ausgeprägten Gerechtigkeitssinn. Für ihn kommt es einfach nicht in Frage, etwas zu tun, das jemandem Schaden zufügen könnte. Aus diesem Grund ist er selten eine Tratschtante. Er hält sich mit der persönlichen Meinung über andere zurück und wirkt deshalb auch ab und zu etwas langweilig. Im Laufe einer Freundschaft wird jedoch genau diese Art an ihm geschätzt und gewürdigt.

Er treibt gerne Sport – obwohl alles in Maßen ablaufen sollte. Er ist kein Mann für Extreme und meidet zu große Gefahr oder Risiko. So wird man ihm mit einem Fallschirmsprung kein gutes Geschenk machen können. Er steht lieber mit beiden Beinen auf dem Boden.

Beim Flirten ist er ein zurückhaltender Gentleman, der sich eine Technik zugelegt hat, meistens selbst von den Frauen erobert zu werden. Dafür feilt er an seinem Auftreten und kleidet sich gewöhnlich seriös und qualitätsbewusst. Er ist kein Mann, der einer Frau ewig hinterherläuft. Auch spornt ihn eine Situation nicht an, in der er einem anderen Mann die Frau erst abjagen muss. Bekommt er mit, dass sie fest leiert ist, wird er sich fast immer zurückhalten und im Zweifelsfall einfach abwarten, anstatt sich in einen Kampf zu stürzen.

Frauen, die einen feurigen Kämpfer oder Jäger in ihm sehen, werden meist enttäuscht. Dafür ist er ein beständiger Bewahrer einer Beziehung, die er führt und kann sogar noch nach langen Ehejahren derjenige sein, der seiner Frau täglich sagt, dass er sie immer noch wie am ersten Tag liebt. Er ist und bleibt ein Gentleman der alten Schule. Frauen, die das erkennen, finden in ihm einen sicheren Hafen, den sie sehr zu schätzen wissen. Er ist der ideale Mann für eine lange Ehe.

Seine Kinder erzieht er gewöhnlich strenger als andere Väter. Er kann es nicht ertragen, wenn sie sich in der Öffentlichkeit schlecht benehmen oder dem Ansehen seiner Familie schaden könnten. Werden sie älter kann er sie gut loslassen. Er fördert sie in ihrer Ausbildung, wo er nur kann. Eine gute Bildung hat für ihn fast den höchsten Stellenwert, den es zu erreichen gilt. Sein in diese Richtung entwickelter Ehrgeiz ist für einige Kinder – insbesondere in der Pubertät – schwer zu akzeptieren. Er will natürlich das Beste für seine Kinder. Allerdings kann er sich auch so hineinsteigern, als ginge er selbst für sie zur Schule.

Das Auftreten des Jungfrau-Mannes ist immer der Situation angemessen. Er gehört zu den Männern, die nie in Jeans auf einem Tennisplatz erscheinen oder unrasiert zum Bäcker gehen würden. Auch seine Frisur gestaltet er immer passend – nie extravagant. Italienische Anzüge und Schuhe liegen ihm. Und wer ihm eine Freude machen will, schenkt ihm eine schöne Krawatte oder einen edlen Wein.

Einige Jungfrau-Männer werden zu Experten einer Leidenschaft: Sie werden Weinkenner, Liebhaber von exquisiten Zigarren oder legen sich eine Whiskysammlung zu. Sein Leben hat Stil. Selten wirkt bei ihm etwas aufgesetzt. Er lebt genau seine innere Überzeugung.

Erotische Vorlieben des Jungfrau-Mannes

Der Jungfrau-Mann gehört zu den Liebhabern, die nach dem Sex schnell duschen, um sauber im Bett zu liegen. Er kann oft seinen eigenen Körpergeruch nicht ertragen und wünschte sich am liebsten, geruchlos zu sein. Man sollte sich als Frau nicht wundern, wenn er schon am nächsten Morgen eine Zahnbürste parat hat und sich schon vor dem ersten Kuss die Zähne geputzt hat.

Eine Frau sollte nicht darauf warten, von ihm in der Öffentlichkeit berührt oder das erste Mal geküsst zu werden. Er zieht es vor, dies erst im richtigen Rahmen zu tun.

Wenn es soweit ist, wird er es meist sein, der sich vorher über die Frage der Verhütung und die Art und Weise des bevorstehenden Ereignisses unterhalten wird. Er mag keine vagen Dinge. Viel lieber hat er vorher Klarheit geschaffen. Auch auf die Gefahr hin, dass das erotische Moment dadurch etwas gestört werden könnte.

Er neigt manchmal dazu, gerne nur zuzuschauen. Frauen sollten also nicht überrascht sein, wenn er sich wünscht ihnen bei der Selbstbefriedigung zusehen zu dürfen.

Oralsex mag er zwar als Geschenk – jedoch ist er scheinbar nicht dafür geschaffen, darin echte Leidenschaft zu entwickeln.

Er liebt es gerne klassisch und neigt nicht zu Extremen. Ein Sexspielzeug kann ihn eher abschrecken als begeistern. Das liegt an seiner genauen Vorstellung, wie Sex unter Menschen abzulaufen hat.

Er lässt sich für die Anwendung von Gleitgel begeistern. Er bildet sich auf sexuellem Gebiet weiter und legt sich Techniken zu, die ihm ermöglichen, gleichzeitig mit seiner Partnerin den Höhepunkt zu erreichen.

Was Jungfrau und Partner verbindet

Ob es in einer Beziehung Harmonie oder Streit gibt, ist nicht immer nur Sache der Charaktere. Man spricht nicht umsonst vom guten Stern, der über einigen Beziehung steht. Eine Liebe, die ein Leben lang anhält, ist der Wunschtraum vieler Menschen in einer heute sehr schnelllebig gewordenen Zeit. Fast alle sehnen sich danach, im Partner die Person gefunden zu haben, mit der alle Schwierigkeiten im Leben zu meistern sind. Zudem darf eine harmonische Beziehung nie soweit abkühlen, dass sich die Partner auseinander leben. Hier kann ein Blick in das Partnerhoroskop helfen. Eventuelle Spannungen können so früh neutralisiert werden. Denn nur wenn Probleme früh erkannt werden, lassen sie sich schnell und unkompliziert lösen.

Zu einer vollkommenen Liebe gehört eine erfüllte Sexualität. Hält geistige und körperliche Verbundenheit sich die Waage, wird eine Beziehung in der Regel immer unter einem guten Stern stehen. Aber welche Vorlieben hat der Partner im Bett? Das ist eine viel zu selten gestellte Frage, die für einige Paare in der Trennung endet. Das muss nicht so sein.

Je mehr Sie sich mit den Vorlieben Ihrer Partnerin oder ihres Partners beschäftigen, desto erfüllender können die intimen Stunden für Sie beide werden.

Nachfolgende Partnerkonstellationen führen verborgene Wünsche und Abneigungen offen auf, die Ursache für Unlust im Bett sein können. Unterhalten Sie sich darüber mit ihrem Partner. Oftmals wird erst so ein lange gehegter Traum Wirklichkeit. Natürlich ist beim Sex alles erlaubt, was gefällt. Auch wenn Ihre Neigungen nicht genau den hier beschriebenen Praktiken entsprechen, finden Sie viele Anregungen, die das Sexualleben beleben können.

Widder als Partner der Jungfrau

Widder und Jungfrau sind eine der gegensätzlichsten Paarkombinationen. Das liegt an der oft ausgeprägten Selbstbeherrschung und der taktvollen Zurückhaltung der Jungfrau.

Was bei anderen Sternzeichen oft als willkommene Herausforderung für den Widder dient, kann hier leicht in Verdruss enden. Selten halten Beziehungen zwischen diesen beiden Sternzeichen ein Leben lang. Denn vom Widder und auch vom Sternzeichen der Jungfrau wird viel Geduld und Toleranz gefordert. Das ist besonders schwer für den Jungfrau-Partner, der sich nicht gerne vom Widder einfangen lässt.

Das ausgeprägt vernünftige und vorausschauende Verhalten der Jungfrau kann sich nur mit gegenseitiger Toleranz an das oft bedenkenlose Vorpreschen des Widders gewöhnen. Ein Widder, der sich auf eine Jungfrau einlässt, weiß in der Regel, was er tut und dass er sich dabei selbst etwas zügeln muss. Zwei Eigenschaften der Jungfrau kommen den Charakterzügen des Widders entgegen: Ausdauer und Ehrgeiz. Erkennen beide Sternzeichen hier ihre Gemeinsamkeiten, gehen sie eher pflichtbewusst und mit Eifer daran, ihr Leben für die Zukunft zu planen. Jungfrauen sollten in einer solchen Beziehung mit Kritik am Partner etwas vorsichtig sein. Oft erkennt ein Widder einfach nicht, dass er etwas falsch gemacht hat. Hier bietet sich an, eher nüchtern über die Geschehnisse zu sprechen, als sich sofort in unsachliche Emotionen hineinzusteigern. Humor spielt für beide in dieser Kombination eine große Rolle. Er kann gut dazu genutzt werden, den Partner immer wieder für sich zu begeistern und dunkle Wolken schnell zu vertreiben.

Das Liebesspiel des Jungfrau-Widder Paares

In sexueller Hinsicht können sich für das Widder-Jungfrau-Paar schwerwiegende Probleme ergeben. Widder wollen viele Dinge ausprobieren, Jungfrauen können dagegen oft ihre Gedanken beim Sex nicht ganz ausschalten. Sie üben selbst im Bett Selbstbeherrschung. Was nicht bedeutet, dass es manchen Widdern tatsächlich gelingt das scheue Sternzeichen der Jungfrau mit sexueller Fantasie zu erfüllen.

Viele im Zeichen der Jungfrau geborene Menschen können sich sehr wohl nach anfänglichen schüchternen Phasen öffnen. Dann sind sie auch zu Spielen bereit, zu denen der Widder neigt, der die Sexualität wie seine tägliche Mahlzeit genießt. Man kann es weder dem einen noch dem anderen vorwerfen, dass er so ist, wie er ist. Widder kommen eben gerne schnell zur Sache, während Jungfrauen dafür länger brauchen. Steckt der Widder etwas zurück und übt sich in Geduld, kann er mit der Jungfrau wundervolle zärtliche Stunden erleben. Jungfrauen lieben es, sich beim Sex anzusehen. Für sie hat Sex immer etwas mit Liebe zu tun und der Blick in die Augen berauscht sie bis zur Ekstase.

Widder lieben den schönen Körper ihres Partners und begehren ihn heiß und innig. Im Lauf der Zeit können sich sexuelle Spielarten entwickeln, die den Widder immer aufs Neue erregen und seine Lust anfachen. Jungfrauen verstehen sich sehr gut darauf, mit ihren körperlichen Reizen spielen. Aber Vorsicht: Auf das, was dann kommt, sollten sie vorbereitet sein.

Stier als Partner der Jungfrau

Es trifft sich hier der Stier, Bewahrer von Haus und Hof mit der fleißigen vernünftigen Jungfrau. Man könnte meinen, dass dies eine ideale Kombination wäre. Um die Beziehung allerdings auf Dauer gesund zu halten, müssen von beiden Seiten Kompromisse eingegangen werden.

Jungfrauen lassen sich selten sofort auf Stiere ein. Sie sind eher vorsichtige Naturen. Nichts ist ihnen unangenehmer, als einfach überrannt zu werden. Außerdem sind sie sehr wählerisch. Haben sie sich einen Stier für ihr weiteres Leben ausgesucht, muss er schon perfekt zu ihnen passen.

Stiere, die sich mit Jungfrauen einlassen, sollten sich klar darüber sein, dass sie in der Anfangszeit einige Mühe investieren müssen. Jungfrauen lassen sich nicht mit einfachen Sprüchen abschleppen. Sie können sehr gut hinter die Fassade von Menschen blicken und sortieren sofort die Spreu vom Weizen. Stiere sollten also nicht zu ungeduldig werden.

Braucht die Jungfrau noch so lange im Bad, darf das dem natürlichen Stier nicht auf den Wecker gehen. Werden die Eigenarten des Anderen als schöne Spielarten des Lebens akzeptiert, wird diese Beziehung unter einem guten Stern stehen.

Einige dieser Paare ergänzen sich auch im Berufsleben, wo sie ab und zu sogar in der gleichen Firma arbeiten und sich gegenseitig unterstützen.

Das Liebesspiel des Jungfrau-Stier Paares

Beide Sternzeichen lieben schnörkellosen Sex. Von Jungfrauen kann der ein oder andere Einfall des Stieres deshalb mit Empörung abgelehnt werden. Das Liebesleben der Partner bessert sich in der Regel, je länger die Beziehung dauert. Kennen sich beide wirklich gut, werden sie auch den Sex miteinander in vollen Zügen genießen.

Allerdings sollte sich der Stier etwas in seinem Temperament und seiner ungestümen, manchmal sogar brutal wirkenden Art, zügeln. Er kann der Jungfrau durch seine Kraft und Ausdauer unheimlich werden.

Jungfrauen haben oft ein Problem damit, ihren Körper in aller Natürlichkeit zu zeigen, wie es Stiere gerne tun. Das schafft manchmal Spannungen im Sexleben und diese Hemmungen werden vom Stier als unnötige Prüderie empfunden. Hat die Jungfrau genug Vertrauen gefasst, wird sie gerne auf die erotischen Wünsche des Stiers eingehen und die Zeit im Bett wird so zum Vergnügen.

Eines sollte dieses Paar jedoch von Anfang an mitbringen: Geduld mit sich und dem Partner.

Da Stiere Meister der oralen Liebeskunst sind, finden auch Jungfrauen daran gefallen und können nach anfänglichem Zögern richtig süchtig nach diese Spielart werden.

Zwillinge als Partner der Jungfrau

Zwei Tierkreiszeichen treffen hier auf einander, die auf den ersten Blick nicht so recht zusammenpassen wollen.

Die Jungfrau stellt hohe Ansprüche an ihren Auserwählten und sieht im Zwilling meist keinen Partner, der für eine harmonische Beziehung geeignet ist. Die eher spielerisch anmutende Herangehensweise des Zwillings gibt der Jungfrau manchmal zu wenig Sicherheit und Vertrauen. Die Jungfrau verlangt Treue von ihrem Partner, was in dieser Konstellation für den Zwilling ein ganzes Leben lang recht schwer durchzuhalten ist.

Kann der Zwilling den Launen der Jungfrau begegnen, treffen sich hier oft zwei spitze Zungen die oft stundenlang debattieren können. Sarkasmus und verbale Hiebe sind für beide kein Fremdwort. So kann der geistige Austausch auch zur Herausforderung dieses Paares werden. Nicht selten werden Außenstehende von der Wortgewalt der Kontrahenten überrascht sein.

Für eine lange Beziehung müssen sich beide Tierkreiszeichen allerdings etwas zurücknehmen und dürfen ihre Sticheleien nicht bis zu ernsthaften Kränkungen und Verletzungen vorantreiben. Beide sollten sich öfter in die Situation ihres Partners versetzen, um ihn und seine Probleme besser verstehen zu können. Ist das Paar dazu nicht in der Lage, wird es schwer sein, das anfängliche Glück auf Dauer zu bewahren.

Das Liebesspiel des Jungfrau-Zwillinge Paares

Liebt der Jungfrau-Geborene mit ganzem Herzen, wird er alles nur Erdenkliche für seinen Zwilling tun. Jungfrauen lieben die Beschäftigung mit dem eigenen Körper und mit dem des Partners. Ihr Liebesspiel fängt aber weit vor dem eigentlichen Geschlechtsakt an. Hier wird es viele Zwillinge wundern, dass es nicht schneller geht.

Egal ob weiblich oder männlich, Jungfrauen lieben es gerne sauber. Strenger Schweißgeruch – auch der des Partners – stößt sie ab. Wenn die Jungfrau taktvoll ist, wird sie ihren Zwilling zum gemeinsamen Bad einladen. Hier verwöhnt sie ihren Partner auf die zärtlichste Weise. Auch Oralverkehr liegt der Jungfrau, hat sie einmal dafür Feuer gefangen. Sie schenkt ihn vor allem als großen Liebesbeweis. Zwillinge, die hier oft leichtfüßig und fordernd auftreten, sollten dieses Geschenk zu würdigen wissen.

Zwillinge sollten nicht zuviel ihrer Lebhaftigkeit ablegen. Besonders im Bett ist es von Vorteil, wenn die Jungfrau ihre frische Aktivität spürt. Allerdings sollte das Maß nicht soweit überschritten werden, dass der Sex hart oder gar brutal wird. Das mag die Jungfrau nicht besonders und quittiert das mit Rückzug. Spielarten wie z.B. Analsex mag eine Jungfrau weniger. Vieles erscheint ihr einfach unnötig, was allgemein als extrem oder pervers gilt. So wird man sie selten in Lack und Leder antreffen. Auch einen Sex-Shop besucht sie selten.

Krebs als Partner der Jungfrau

Das Krebs-Jungfrau-Paar wird viele neidische Blicke auf sich ziehen. Dass sie auch in hohem Alter noch verliebt wie Teenager sind, zeigt sich auf den ersten Blick. Der Familienfreund Krebs findet im Sternzeichen der Jungfrau das passendes Puzzlestück, das er schon immer gesucht hat.

Humor haben beide Partner. Er wird dazu genutzt, Spannungen sofort abzubauen und keine schwerwiegenden Zerrüttungen aufkommen zu lassen. Die Partnerschaft ist von Anfang an aufgehellt, da beide wissen, was sie im Gegenüber gefunden haben. Dass so etwas selten ist, muss man ihnen nicht erzählen. Sie haben beide meist schon bittere Erfahrungen gemacht. Treue und Vertrauen sehen sie deshalb als Selbstverständnis.

Ein solches Paar geht durch Dick und Dünn und wird auch keinen Ehevertrag aufstellen. Das wäre ein Zeichen schlechten Stils und käme einem Misstrauensvotum gleich. Beide planen voraus und wünschen sich Kinder. Diese wachsen in einem Umfeld auf, das kaum schöner sein könnte. Spannungen können hier mit gesteigerter Aufmerksamkeit und Kommunikation gelöst werden. Sie sind dann so schnell verschwunden, wie sie gekommen sind. Dieses glückliche Paar sollte sich allerdings vor zu viel Bequemlichkeit hüten!

Das Liebesspiel des Jungfrau-Krebs Paares

Krebs und Jungfrau begegnen sich zu Anfang meist zurückhaltend. Zum ersten Kuss kommt es nicht sofort. Beide müssen erst genau die Gefühlswelt des Auserwählten studieren, bevor sie aus der Reserve kommen. Nicht selten sind es anfänglich gute Freunde, leider allzu oft zu lange. Hier schleichen sich Ängste vor einer Liebe ein, die eigentlich unbegründet sind. Denn was ist schöner als den besten Freund auch zum Partner zu haben?

Sexuell finden sie zögerlich zusammen. Petting steht am Anfang im Vordergrund und scheint auch einige Zeit befriedigend zu sein. Traut sich dann aber ein Partner nach vorne, erwidert der andere sofort seine Gefühle. Diese Zuversicht muss länger eingeübt werden. Verstehen sie sich dann blind, lieben sie einander zärtlich und zurückhaltend.

Sex an Orten, an denen sie überrascht werden könnten, mögen sie überhaupt nicht. Auch zeigen sie sich selten schmusend in der Öffentlichkeit. Dieses Verhalten wird meist nur in gewohnter Umgebung und in den eigenen vier Wänden an den Tag gelegt. Nicht selten lieben sie sich in der geschützten Dunkelheit der Nacht. Da sie beide starke sinnliche Wahrnehmungen haben, ergeben sich hier wundervolle heiße Spiele.

Löwe als Partner der Jungfrau

Junfrauen verstehen es in dieser Konstellation ihren Löwen zu Meisterleistungen anzuspornen. Nicht selten baut ein so motivierter Löwe sein Haus mit den eigenen Händen. Zumindest wird er nicht davor zurückschrecken, sich dabei die Hände schmutzig zu machen.

Der Löwe findet in der Jungfrau die perfekte Organisatorin seines Tagesablaufs. Ist es ein Urlaub, ein Wochenendausflug oder nur ein Familienfest – die Jungfrau plant perfekt und hat die Organisation komplett im Griff. Daran liegt es auch, dass Löwen sich ganz auf ihre Eroberung verlassen. Das können sie auch.

Dieses Paar bringt so schnell nichts auseinander. Löwen und Jungfrauen kümmern sich hingebungsvoll um ihren Nachwuchs, können ihn aber auch lautstark in die Schranken weisen. In der heutigen Zeit stellt dieses Paar eine Verbindung dar, die jeder Herausforderung die Stirn bieten kann und auch in Krisensituationen immer einen Ausweg findet.

Das Liebesspiel des Jungfrau-Löwe Paares

Das Liebesspiel dieses Paares gestaltet sich etwas schwieriger als das Zusammenleben. Denn was im Alltagstrott noch funktioniert, ist im Bett oft so nicht möglich. Das Konfliktpotenzial liegt hier in den Machtverhältnissen.

Sind Jungfrauen sonst die perfekten Manager und halten sich im Hintergrund, möchten sie im Bett keinesfalls beherrscht werden. Löwen treffen hier auf einen Partner, der sich nicht naturgemäß unterordnet. Jungfrauen wollen selbst mitbestimmen, wohin die Reise geht. Hat der Löwe die notwendige Einsicht, können sich im Bett die Spannungen legen und das Paar geht auf gemeinsame Höhenflüge.

Der Löwe hält meist wenig von Sexspielzeug. Er ist direkt und Spielzeug bedeutet für ihn nur unnötiges Beiwerk. Auch Jungfrauen sind eher bodenständig und bevorzugen es lieber klassisch. Allzu gewagte Experimente lehnen beide meist ab – außer sie entdecken ihre kreative Ader und können alle sonstigen Gedanken ausschalten.

Jungfrau als Partner der Jungfrau

Wenn kein Neid auf die Leistungen des Partners vorherrscht, sind das gute Voraussetzungen für eine solche Kombination. Beide verbindet sofort das gute Gespräch, in dem Humor nicht fehlt. Für einen One-Night-Stand sind weder die weibliche noch die männliche Jungfrau gerne zu haben. Den Partner, den sie suchen, finden sie in erster Linie auf geistiger Ebene, nicht auf sexuellem Gebiet. Es mag natürlich auch hier Ausnahmen geben. Die meisten Jungfrau-Geborenen sind in dieser Angelegenheit nicht besonders offensiv.

Wo vorher gut abgewogen wird, gibt es in der Regel nachher keine bösen Überraschungen. So wird dieses Paar entweder sofort seine Antipathien zeigen und gar nicht erst zusammen kommen oder sie werden in gegenseitiger Sympathie verschmelzen. Im Kräftevergleich sind männliche und weibliche Jungfrau-Geborene ebenbürtig. Keiner von beiden beansprucht eine Vormachtsstellung in der Beziehung. Und gehört zudem noch gegenseitiger neidloser Respekt dazu, sind das gute Voraussetzungen für eine lange glückliche Zeit.

Das Liebesspiel des Jungfrau-Jungfrau Paares

Das Sexleben dieses Paares spielt sich nur im Verborgenen ab. Sie gehören nicht zu denen, die sich gerne öffentlich liebkosen oder gar beim FKK-Urlaub nackt in der Öffentlichkeit zeigen. Da Liebe und Sex für Beide eng mit einander verbunden sind, können sie sich selten bei den ersten Abenteuern gehen lassen. Es liegt ihnen nicht, sofort alles von sich preis zu geben. Nicht selten wird deshalb auch ein Partner das Licht ausknipsen.

Haben beide jedoch in inniger Liebe zueinander gefunden, kann sie nichts mehr trennen. Sexualität ist für sie nun Ausdruck der Liebe und auch Liebesbeweis.

Extravaganz oder gar Perversion wird man hier weniger finden, da beide Sex als Teil des großen Ganzen sehen. Für sie zählt nicht das momentane Glücksgefühl. Es ist vielmehr Ausdruck einer inneren Verbundenheit. Da beide, Frauen wie Männer, das so sehen, sind im Bett harmonische Zeiten ohne Komplikationen angesagt. Dominierende Stellungen werden nicht so bevorzugt wie klassische, bei denen beide das Gefühl haben, den Takt anzugeben.

Waage als Partner der Jungfrau

Die risikofreudigere und leichtsinnigere Waage trifft hier auf ihren Gegenpol. Nicht selten treffen sich ausgabefreudige Waagen und sparsame Jungfrauen. Sind diese Eigenschaften sehr ausgeprägt, besteht Konfliktpotenzial. Jungfrauen können nämlich die Unbesonnenheit ihrer Waagen nur selten in vollem Umfang akzeptieren. So entzünden sich viele Streitereien dieses Paares am lieben Geld.

Haben beide weniger ausgeprägte Charaktere, kann diese Beziehung Früchte tragen. Allerdings sollte sich die Jungfrau vor übermäßiger Kritik an ihrem Partner hüten. Eine scharfe Zunge erträgt die Waage nur bedingt – obwohl sie als sehr gutmütig gilt. Soll die Beziehung ein leben lang andauern, ist von beiden Toleranz und Selbstbeherrschung gefordert.

Jungfrauen sollten sich besonders davor hüten, im Streitfall zum Rundumschlag auszuholen. Waagen reagieren darauf sehr sensibel: Sie ziehen sich zurück oder werden verbittert, wenn sie ihre Gefühle nicht in genügendem Maße berücksichtigt sehen. Wird diese Form von Achtsamkeit wirklich gelebt, kann hier eine harmonische Beziehung entstehen und dem Glück steht nichts im Weg.

Das Liebesspiel des Jungfrau-Waage Paares

Die unter dem Sternzeichen der Jungfrau geborenen Menschen sind in der Regel etwas kühler und reservierter als die unter dem Sternzeichen der Waage geborenen. Hier mag es zwar Ausnahmen von der Regel geben – jedoch sollten sich Waagen vor allzu schnellem Vorgehen hüten.

Jungfrauen reagieren selten auf offen zur Schau gestellte Reize. Für sie zählt das Raffinierte und Verspielte. Nicht zuletzt ist es auch die Dauer des Vorspiels, das, je länger es anhält, die Jungfrau aus der Reserve lockt. Waagen sind im Vergleich zu ihrem Partner meist schneller bereit, Zärtlichkeiten offen zu zeigen.

Haben beide zueinander gefunden, kann die Waage durch ihre liebevolle Art, die Jungfrau auch zu manchen Spielarten überreden, die sie sich vorher nicht hätte vorstellen können. Und ist die Jungfrau erst einmal erwacht, erfährt die Waage, was es heißt, wenn richtig mit Leib und Seele geliebt wird. In der Jungfrau entfaltet sich dann eine glühende Hitze, die der Waage regelrecht Angst bereiten kann. Ist sie jedoch darauf vorbereitet, werden diese Momente zu den unvergesslichsten ihres Lebens werden.

Skorpion als Partner der Jungfrau

Auch wenn es einmal zänkisch zugeht, steht eine solche Verbindung unter einem guten Stern. Beide Partner haben scharfe Zungen und machen auch Gebrauch davon. Dass das mitunter auch verletzend sein kann, erfahren sie gleichermaßen. Das hat den Vorteil, dass sie beide aus ihren Fehlern lernen können, ohne gleich auseinander zu gehen.

Das Leben des Paares verläuft meist in geordneten und geregelten Bahnen. Überraschungen, besonders der negativen Art, mögen beide weniger. So legen sie sehr viel Wert auf eine Absicherung im Alter und auf ihre eigene Gesundheit.

Der Skorpion findet in der Jungfrau zudem ein Gegenüber, das eine Unmenge an Geheimnissen zu bergen scheint. Immer wieder wird der Skorpion-Geborene Anstrengungen unternehmen, diese aufzudecken. Offenbart sich die Jungfrau komplett, kann sie den Skorpion langweilen. Gerade im Geheimnisvollen liegt die Spannung dieser Beziehung.

Das Liebesspiel des Jungfrau-Skorpion Paares

Auf dem Gebiet der Sexualität agiert die Jungfrau naturgemäß zurückhaltender als der Skorpion. Der Skorpion geht mit feurigem Eifer heran und muss bald feststellen, dass hier eine andere Taktik gefragt ist. Die Jungfrau wird sich zwar in ihn verlieben, jedoch wird das so gut wie nie über den sexuellen Aspekt erfolgen. Körperliche Liebe ist für sie mit der geistigen Liebe eng verbunden. Und nur aus diesem Grund ist sie eine nicht so leicht zu knackende Nuss.

Trotzdem gelingt es dem Skorpion durch Zurücknahme seines Eifers, die Jungfrau ins Bett zu locken. Besteht die Beziehung länger, finden beide zueinander, da auch die Jungfrau mutiger und offensiver mit ihrer Sexualität umgeht. Treffen sich beide in der Mitte, müssen sie oft keine zu großen Abstriche machen, um guten Sex zu haben.

Manchmal lässt sich eine Jungfrau sogar zu besonderen Spielarten überreden. Dann lässt sie sich für einige Momente ganz gehen und vergisst ihre Selbstbeherrschung.

Schütze als Partner der Jungfrau

Und wenn sie nicht gestoben sind, leben sie noch heute. So enden Märchen – und so fängt diese Beziehung an, die von Anfang an unter einem leuchtenden Stern steht.

Damit sie genauso weiter besteht, sollten beide ihre Wünsche schnell auf einen gleichen Nenner bringen. Dazu gehört in erster Linie das Bereisen fremder Länder. Fremde Kulturen, Kunstschätze und sonstige musische Erlebnisse liegen ganz auf der Wellenlänge beider Sternzeichen.

Jungfrauen sind anfangs eher zurückhaltend. Schützen warten zu Beginn auch eher ab und beobachten die Situation. Sie sind keine Draufgänger, die Hals über Kopf Heim und Haus riskieren würden. Das gefällt der Jungfrau, die Beständigkeit und auch Sicherheit liebt. Beide verbindet die Freude daran, die Welt in all ihren Facetten zu erforschen. Die Jungfrau hat ab und zu Probleme damit, die spontane Begeisterungsfähigkeit des Schützen nachzuvollziehen. Er kann spielend zwischen gesteckten Zielen hin und her wechseln, während sie doch eher ein großes Lebensziel vor Augen hat. Da sie aber mit großem Verständnis kommunizieren, können sie diese kleinen Unstimmigkeiten immer sehr schnell aus dem Weg räumen.

Das Liebesspiel des Jungfrau-Schütze Paares

Die Beziehung zwischen Jungfrau und Schütze ist selten nur mit der sexuellen Anziehungskraft zu begründen. Für beide Sternzeichen spielt die geistige Ebene während der körperlichen Liebe eine entscheidende Rolle. Tritt hier einer von beiden zu forsch auf, wird er Skepsis und Zurückhaltung beim anderen hervorrufen.

In kleinen Schritten bewegen sie sich auf einander zu. Haben sie sich aber dann endlich gefunden, ist das Liebesspiel eine körperliche Ausführung all ihrer Fantasien. Beide Partner dieser Konstellation lieben nämlich unkonventionelle Dinge beim Sex. So werden schon einmal 100 Kerzen entzündet, um dem anderen zu zeigen, dass man es ernst meint. Da beide Sinnesmenschen sind, lieben sie kulinarische Vergnügungen. Und nicht selten beginnt ein heißer Abend mit einem perfekten Dinner.

Romantischer ist der Schütze, der es versteht, auch den Akt mit kleinen Details anzureichern, die den Jungfrau-Geborenen in Erstaunen versetzen.

Wer von beiden sich mehr Mühe gibt, ist nicht zu bestimmen – jedoch ist jeder bereit dem anderen einen roten Teppich auszurollen. Deshalb sind die Kräfte beim Liebesakt generell gleichmäßig verteilt. Je nach Stimmung kann es härter oder zärtlicher zugehen.

Steinbock als Partner der Jungfrau

In dieser Konstellation haben sich zwei Strategen gefunden. Alles, was gemeinsam unternommen wird, wird in der Regel geplant und besprochen. Daher sollten sie aufpassen, dass die Spontaneität nicht zu kurz kommt. Das Alltagsleben könnte sonst unangenehm grau werden.

Da das Paar generell sparsam ist, wird das Leben auch in Krisenzeiten mit Bravour gemeistert. Bei großen Anschaffungen müssen beide Partner keine Angst davor haben, etwas Unüberlegtes zu tun. Denn sie können einfach nicht anders, als sich immer wieder alles durchzurechnen.

Trotz dieser vielleicht spießig wirkenden Eigenschaft, vereinen sie einen Sinn für Kreativität, den sie gerne ausleben. Sie sind visuell veranlagte Menschen, die gerne Ausstellungen, Konzerte und andere kulturelle Veranstaltungen besuchen. Beide feiern gerne und ausgiebig. Ihr Haus steht Freunden immer offen.

Jedoch möchte keiner vom anderen nur wegen seinen praktischen Vorzügen geliebt werden. Beide Seelen lieben die Gefühlsäußerungen des Partners. In lang andauernden Beziehungen sind diese geistigen Zuwendungen kleine Geschenke, die es ermöglichen, gegenseitiges Vertrauen und innige Liebe über weitere Jahre aufrecht zu erhalten. Das haben sie anderen Paaren voraus.

Das Liebesspiel des Jungfrau-Steinbock Paares

Da beide Sternzeichen sehr praktisch veranlagt sind, wird es auch im Bett keine großen Komplikationen geben. Da sie jedoch nicht besonders spontan sind, muss auch der Liebesakt meist von einem Partner vorbereitet sein – zumindest muss das Bett bezogen sein. Das ist auch der Grund dafür, dass es hier selten zu Sex an außergewöhnlichen Orten kommt. Einem Quicky, nachts auf dem Baugerüst oder auf einer Bahnhofstoilette, können beide kaum etwas abgewinnen.

Vor dem ersten Sex und auch danach wird meist besprochen, was der Partner mag. So vermeiden es beide, mit sexuellen Neigungen herauszuplatzen, die dem anderen missfallen könnten. Allerdings birgt dieses Vorgehen auch das Risiko, dass der Akt monoton und langweilig wird. Um diese Gefahr zu umschiffen, sollten beide auf die verborgenen Wünsche ihres Partners eingehen. Nur das wird wieder Feuer in die Liebesnächte bringen.

Wassermann als Partner der Jungfrau

Neigt der Wassermann dazu, auch andere Frauen oder Männer neben seiner gewählten Jungfrau zu beglücken, wird er in ihr keinen Partner fürs Leben finden. Jungfrauen reagieren eifersüchtig und sind konservativer eingestellt.

Jungfrau und Wassermann verbindet jedoch Übereinstimmung auf geistiger Ebene, die fast wichtiger ist, als alles Körperliche. Beide Sternzeichen besitzen großes Verantwortungsgefühl, was sie für soziale Aufgaben und nicht zuletzt für die eigene Familie prädestiniert. Im Innersten sind beide immer dann glücklich, wenn sie sich voll und ganz vom Partner verstanden fühlen. Kommunikation spielt für beide eine wichtige Rolle. Sie können so ihre Standpunkt festlegen und ihre Freiräume bestimmen, die sie dem anderen selbstverständlich ebenso gewähren.

Selbst langjährige Ehepaare können Themen diskutieren, ohne dem Partner immer ihre eigene Meinung aufdrängen zu müssen. Das Paar genügt sich selbst und wird von außen fast als ein wenig langweilig eingestuft. Darüber müssen sich aber weder Jungfrau noch Wassermann Gedanken machen – denn sie können sich glücklich schätzen. Die Meinungen anderer Menschen interessiert sie sowieso kaum.

Das Liebesspiel des Jungfrau-Wassermann Paares

Geht ein Jungfrau-Geborener auf die sexuellen Experimente des Wassermanns ein, kann er seine Lust neu entdecken. Und ist die Jungfrau erst einmal richtig entflammt, gibt es auch für sie kein Zurück mehr.

Nicht selten wird der Wassermann seinen Junfrau-Partner mit sexuellen Tricks und Spielereien überraschen. Auch die Spielzeuge holt in der Regel er ins Bett. Allerdings kann die Jungfrau vor allzu abwegigen Praktiken zurückschrecken. Denn im Innersten ihres Herzens bleibt sie stets ein wenig schüchtern. Genau das ist es, was den Wassermann immer aufs Neue anstachelt. Er will zeigen, wer der Meister der Liebe ist. Er will seinen Partner dazu bringen, dass er vollständig abschaltet und nur noch in der Ekstase aufgeht. Und man kann hier mit Sicherheit behaupten, dass Jungfrauen in Wassermännern wirkliche Meister ihre Faches finden. Allerdings sollten Jungfrauen auch ab und zu beim Wassermann Hand anlegen. Sonst laufen sie mit der Zeit Gefahr, für ihn langweilig zu werden.

Fische als Partner der Jungfrau

Ein Paar, welches mit Erde und Wasser verbunden ist, kann so schnell nichts aus der Bahn werfen. Beide Tierkreiszeichen können sich trotz der gegensätzlichen Charaktere glänzend verstehen. Allerdings birgt diese Verbindung auch Tücken, die es mit Feingefühl zu meistern gilt.

Denn beide sind sehr sensibel veranlagt. Sie erkennen sehr früh die Abneigungen und Wünsche ihres Partners und würden ihn niemals ändern wollen. Dafür besitzen sie zu viel Weitblick. Sie lieben sich in der Regel mit all ihren Fehlern. Natürlich kommt es auch zu Konflikten, die aber schnell beigelegt werden können, da beide die Argumente der Gegenseite konstruktiv aufnehmen. Wird Kritik geäußert, ist sie selten unbegründet.

Jungfrauen lassen sich gerne von den Träumereien der Fische mitreißen und lösen sich dadurch etwas von ihrer Bodenständigkeit. Fische werden ihrerseits oft von ihren Partnern auf den Boden der Tatsachen zurückgeholt, was je nach Fall auch seine Berechtigung haben kann. Ist die Freiheitsliebe des Fisches allerdings zu stark ausgeprägt, wird sich die Jungfrau nach einem anderen Partner umsehen. Sie kann nicht nur von Luft und Liebe leben.

Das Liebesspiel des Jungfrau-Fische Paares

Fische lieben es in der Regel natürlich und suchen diese Eigenschaft auch in ihrem Partner. Agiert die Jungfrau allzu frigide, irritiert das den Fisch, der Sex als eines von vielen Elementen des Lebens sieht. Er räumt dem Geschlechtsakt keine „überirdische" Bedeutung ein, wozu Jungfrauen durchaus tendieren.

Geistige Verbundenheit, Verantwortung und Rücksichtnahme sind Schlagworte, die die Seele der Jungfrau auch im Bett beschreiben – denn ganz abschalten kann sie nie. Ihre, vielleicht etwas zu disziplinierte Einstellung, trifft hier auf eine freie körperliche Liebe ohne Hintergedanken. Dort schlummert viel Konfliktpotenzial.

Beide werden an sich arbeiten müssen, um einen gleichen Nenner zu erarbeiten. Und das ist manchmal leichter gesagt als getan. Hat der Fisch die notwendige Einsicht und kann ein Verständnis für die Gefühle des Jungfrau-Geborenen entwickeln, können sich wunderbare Momente ergeben, in denen dann beide auf ihre Kosten kommen.

Der Jahresrhythmus der Sternzeichen

Wie beim bekannten Biorhythmus gibt es auch in der Liebe zeitweise Höhen und Tiefen. In der Partnerschaft kann es deshalb zu Hochgefühlen und Konflikten kommen, die persönlich schwer beeinflusst werden können. Manchmal denken wir, dass wir schon morgens mit dem falschen Fuß aufgestanden sind, an anderen Tagen fühlen wir uns energiegeladen und uns gelingt alles, was wir uns für diesen Tag vorgenommen haben. Wenn es uns gelingt, die innere Uhr abzulesen, die von unserem Sternzeichen beeinflusst wird, haben wir die Möglichkeit, unser Leben positiv zu beeinflussen. Nicht immer ist es vorteilhaft, sich mit aller Kraft einer inneren Stimmung entgegen zu stemmen. Wenn wir die Ursache jedoch kennen, können wir auch mit unseren Schwächen behutsamer umgehen und sie lieben lernen.

Wir sind eine Einheit aus Geist und Körper. Wenn etwas aus dem Gleichgewicht gerät und eine Seite elementar vernachlässigt wird, hat das oft gesundheitliche Probleme zur Folge. Um dieser Gefahr vorzubeugen, genügt es, seine innere Stimme lesen zu lernen um seine Reserven besser abschätzen zu können.

Die folgenden Diagramme helfen dabei, unbewusste Schwächen und Höhen des Sternzeichens im Jahresverlauf zu erkennen – auch wenn sie zum jeweiligen Zeitpunkt vielleicht nicht offensichtlich sind. Ist eine Kurve im Tal, bedeutet das nicht, dass es zur Zeit unmöglich ist, gewisse Dinge trotzdem in Angriff zu nehmen. Im Gegenteil: Es sollte Motivation geben, die zur Zeit vernachlässigten Bereiche in Eigeninitiative zum Positiven zu wenden.

Die Sterne beeinflussen zwar unser Leben, jedoch können wir eigene Richtungen und Impulse setzen, die auch in scheinbar negativen Konstellationen zu Erfolg und Glück führen können.

Libido

Diese Kurve zeigt unsere unbewusste sexuelle Energie an. Zeiten sexueller Aktivität und Kraft wechseln mit scheinbar lustlosen Momenten. In Zeiten der Hochphasen, spüren wir die sexuelle Anziehungskraft des Partners besonders stark. Wir begehren und wünschen uns begehrt zu werden. Schläft die Libido zeitweise ein, ist es an der Zeit, das Feuer neu zu entfachen.

Körper

Der eigene Körper gerät in dieser schnelllebigen Zeit oft in Vergessenheit. Oft spüren wir ihn erst, wenn er Warnsignale aussendet. Manchmal ist es dann schon zu spät, ihm wieder Erholung zu verschaffen. In Zeiten der Kraftlosigkeit empfiehlt sich Sport, Wellness und die Beschäftigung mit dem eigenen Körper.

Geist

Im Berufsleben beanspruchen wir ihn oft so stark, dass wir zu Hause nur noch unsere Ruhe haben wollen. Stress ist Gift für unsere Seele. Er wirkt sich negativ auf unsere Gesundheit aus. Viele Menschen gönnen sich zu wenig Zeit für sich selbst. Meditation und Entspannungstechniken helfen uns dabei, Krisensituationen zu meistern und wieder Energie zu tanken.

Liebe

Liebe bedeutet hier, dem Partner Aufmerksamkeit zu schenken, und ihm zuzuhören. Niemand steht seinem Partner näher als Sie selbst. Es liegt an Ihnen, Situationen zu wundervollen Momenten zu verwandeln. In diesen vertrauensvollen Phasen spüren sie das innere Band, das sie verbindet.

Jungfrau-Frau

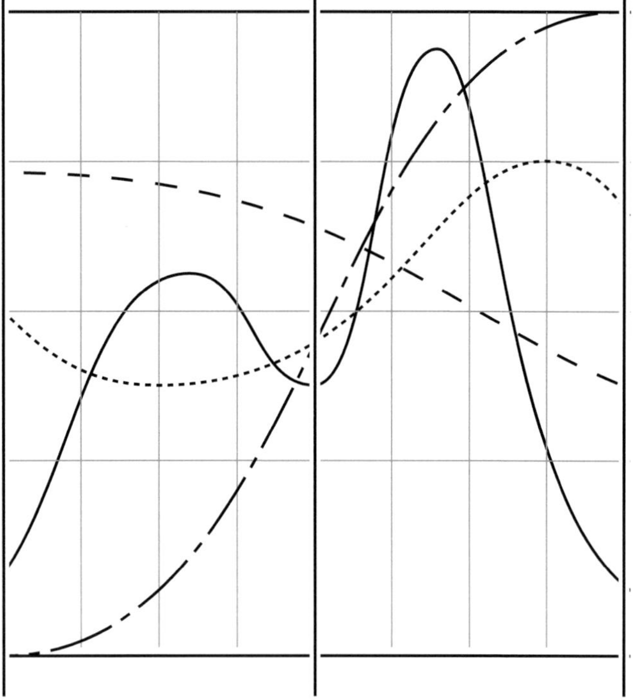

Januar	Februar

——————— Libido

‐ ‐ ‐ ‐ ‐ Körper

—‐—‐— Geist

·············· Liebe

Jungfrau-Frau

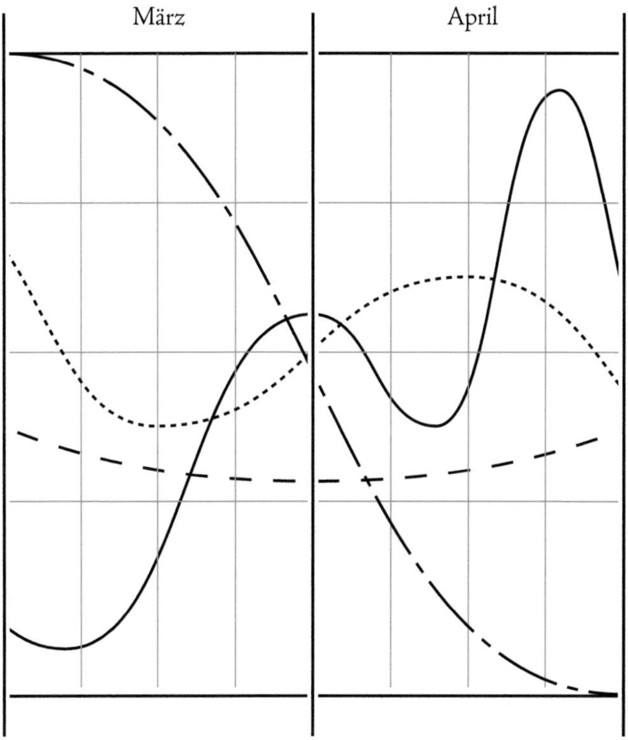

März	April

——————— Libido

– – – – – Körper

—·—·—· Geist

················· Liebe

Jungfrau-Frau

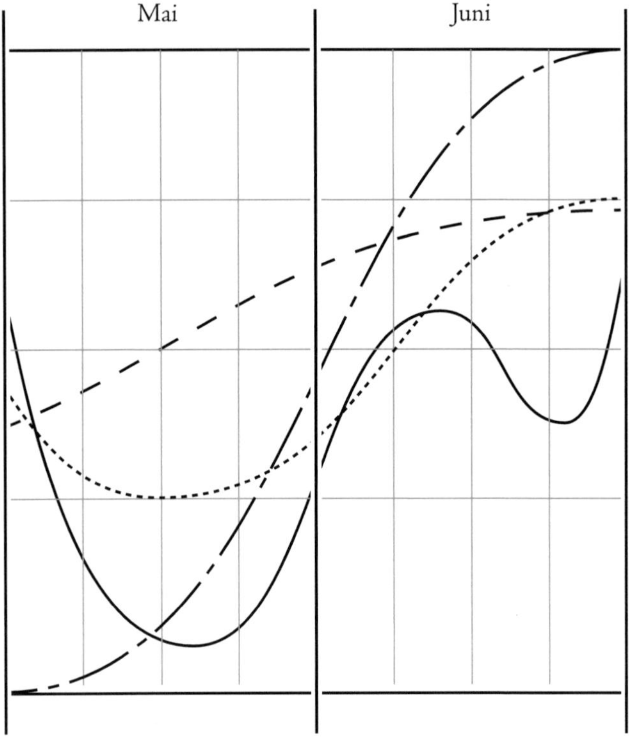

Mai	Juni

——— Libido
– – – – Körper
—·—·– Geist
················ Liebe

Jungfrau-Frau

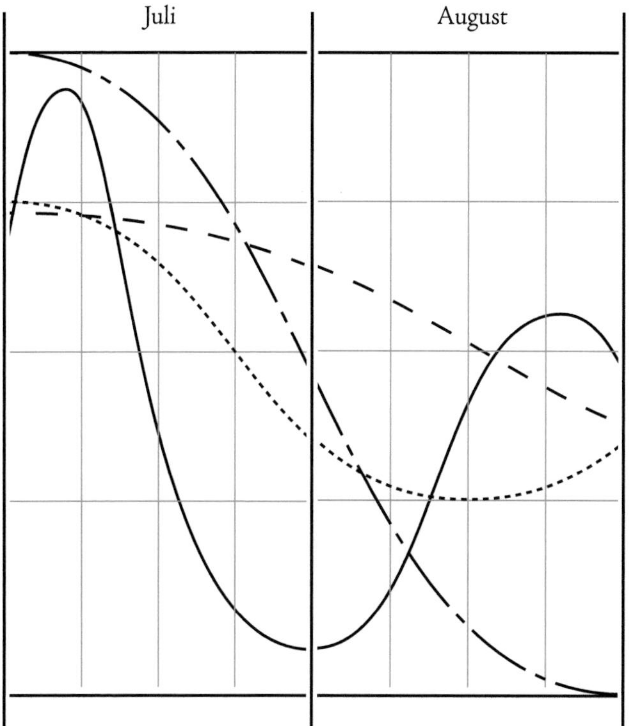

Juli	August

——— Libido

‒ ‒ ‒ ‒ Körper

—·—·· Geist

················ Liebe

Jungfrau-Frau

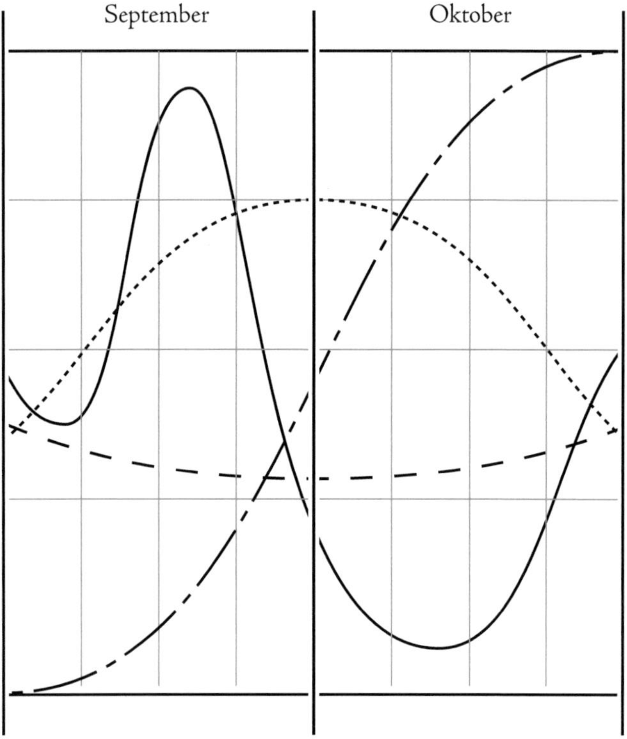

September	Oktober

——————— Libido

– – – – – Körper

—·——·— Geist

···················· Liebe

Jungfrau-Frau

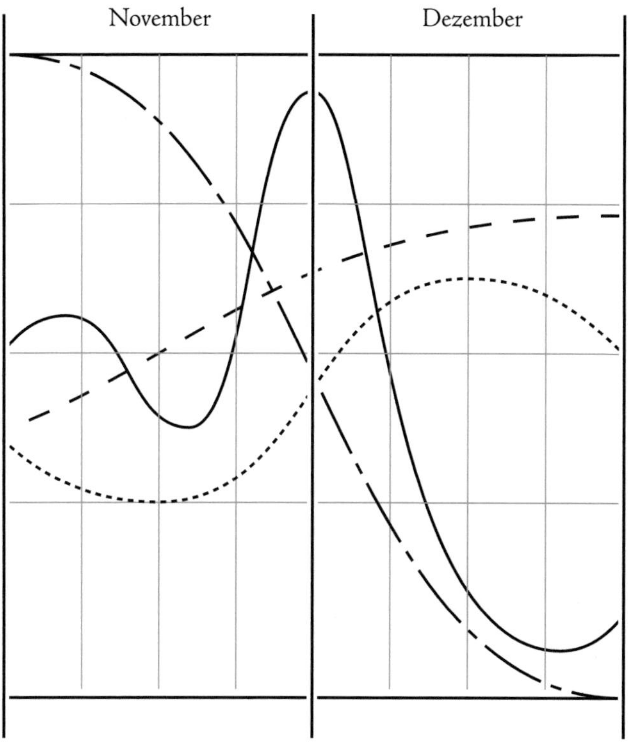

November	Dezember

———— Libido

– – – – Körper

—·—·— Geist

·············· Liebe

Jungfrau-Mann

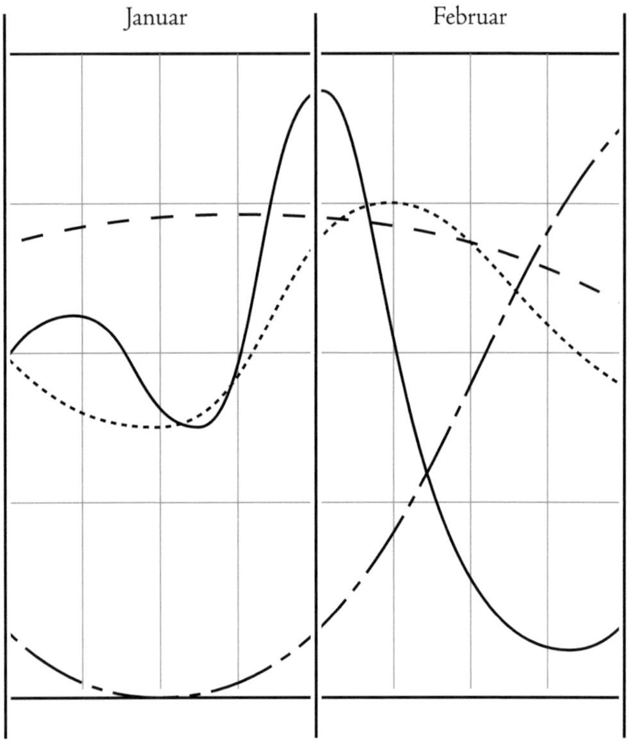

Januar	Februar

—————— Libido

– – – – Körper

—·—·— Geist

·············· Liebe

Jungfrau-Mann

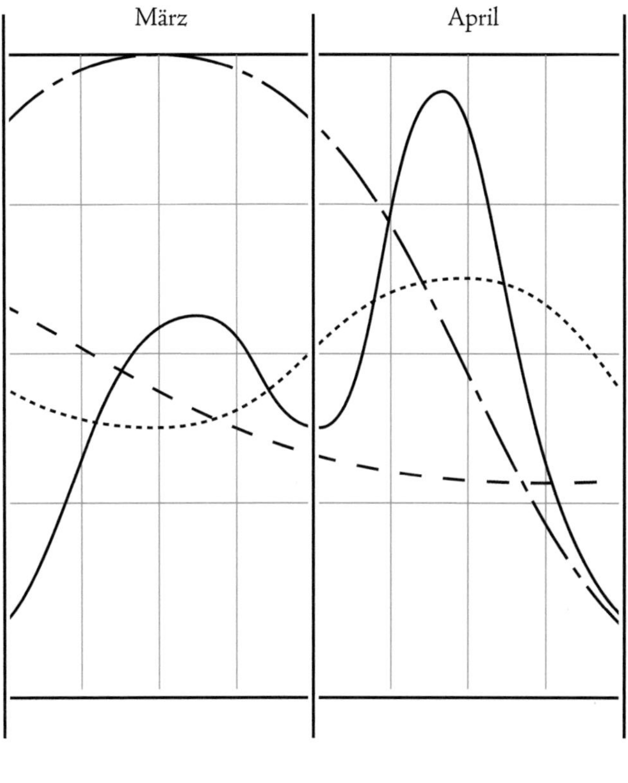

März	April

——————— Libido

– – – – – Körper

—·——·· Geist

···················· Liebe

Jungfrau-Mann

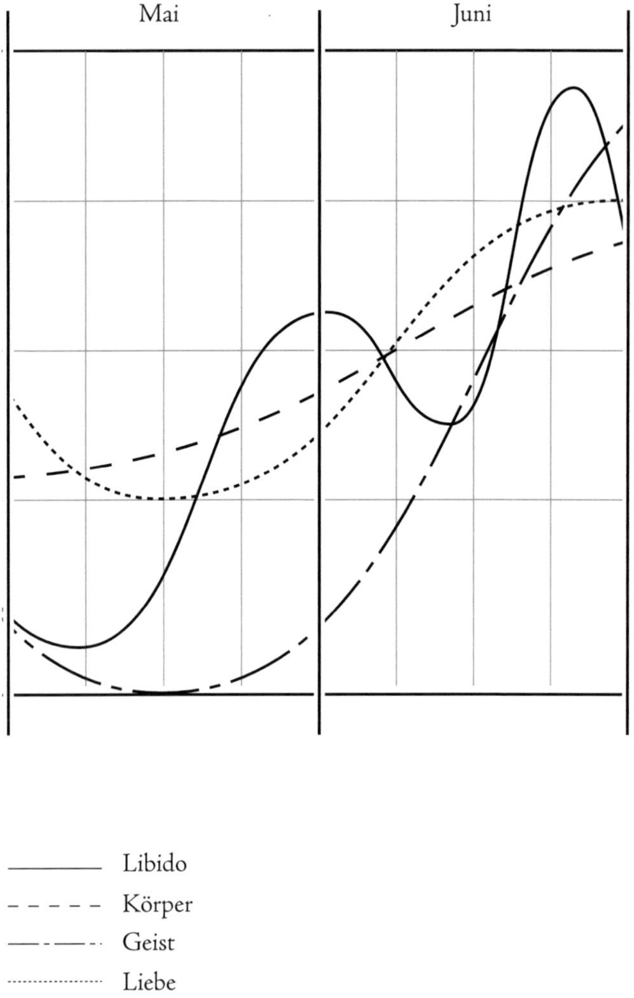

Mai	Juni

——— Libido
– – – – Körper
—·—·· Geist
················ Liebe

Jungfrau-Mann

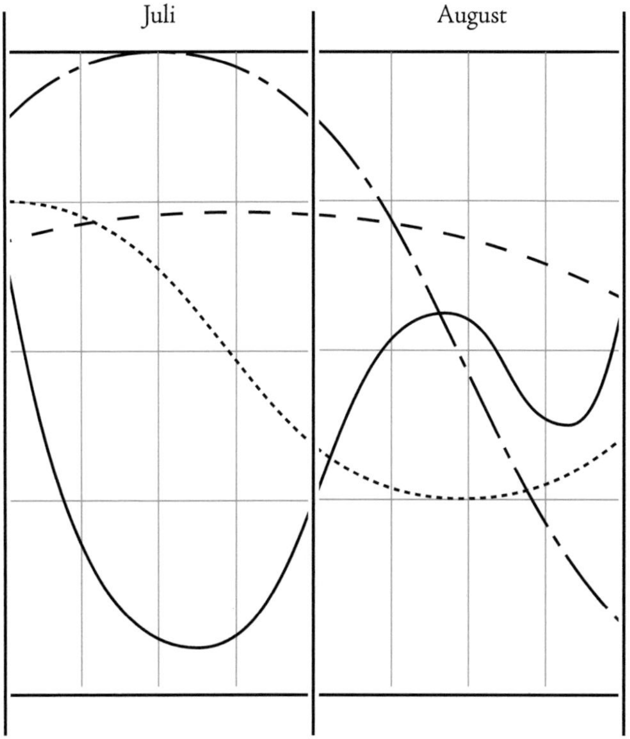

Juli	August

_____ Libido

- - - - Körper

—·—·· Geist

·············· Liebe

Jungfrau-Mann

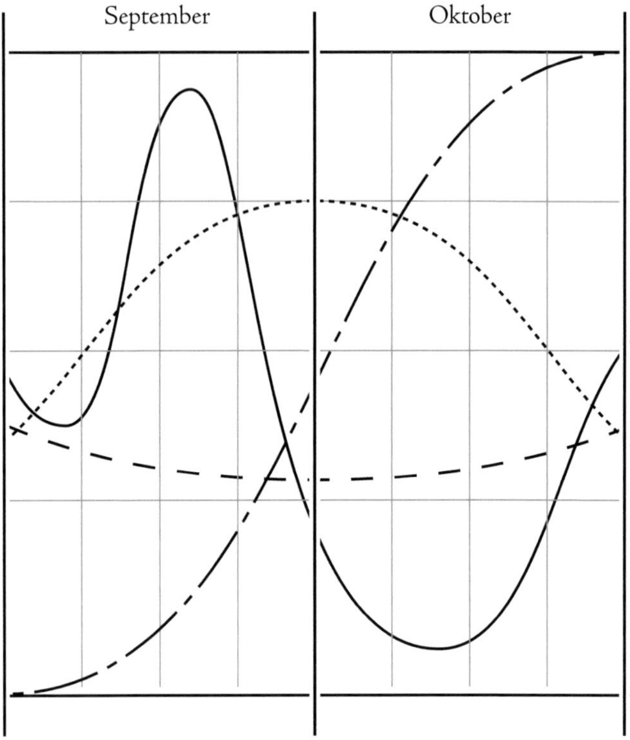

September	Oktober

——— Libido

- - - - Körper

—·—·· Geist

················ Liebe

Jungfrau-Mann

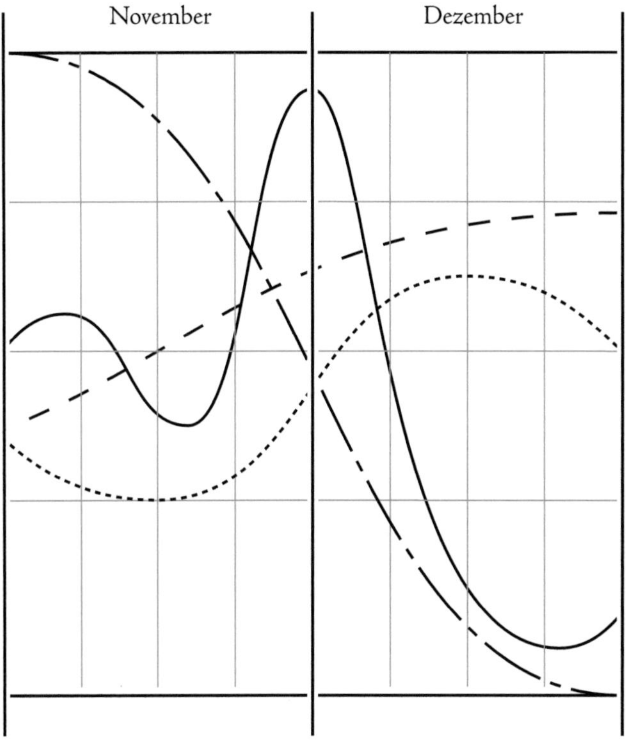

	November	Dezember

_____ Libido

- - - - - Körper

—·—·— Geist

···················· Liebe

Literatur zu Sternzeichen und Astrologie

Hermann Meyer
Das Grundlagenwerk der psychologischen Astrologie: Erkenne
Deine Licht- und Schattenseiten und die Deiner Mitmenschen

Frances Sakoian, Louis S. Acker
Das grosse Lehrbuch der Astrologie: Wie man Horoskope stellt
und nach neuesten wissenschaftlichen Erkenntnissen Charakter
und Schicksal deutet

Hermann Meyer
Astrologie und Psychologie: Eine neue Synthese

Christopher A. Weidner, Sabine Bends
Intuitive Astrologie: Nutzen Sie Ihr inneres Wissen für tiefe
Einsichten über sich selbst

Frank Felber
Wiederkehrhoroskope: Der Schlüssel zu verborgenen Zyklen

Ingrid Zinnel
Familienkonstellationen im Horoskop: Verstrickungen und
Lösungen aus astrologischer Sicht

Literatur zu Entspannung und Sexualität

Jan Aalstedt
Der multiple Orgasmus des Mannes. So kommen Sie nicht mehr zu früh und können mehrere Höhepunkte erleben.

Ludwig Reichenbach
Endlich mit Frauen flirten: Wie Sie lernen, Schüchternheit und Angst vor dem Flirten mit einfachen Übungen erfolgreich selbst zu überwinden

Ludwig Reichenbach
Endlich mit Männern flirten: Wie Sie lernen, Schüchternheit und Angst vor dem Flirten mit einfachen Übungen erfolgreich selbst zu überwinden

Lou Paget
Der perfekte Liebhaber: Sextechniken, die sie verrückt machen

Lou Paget
Die perfekte Liebhaberin: Sextechniken, die sie verrückt machen

Lou Paget
Der Super-Orgasmus: Höhepunkte zum Abheben

Jon Kabat-Zinn
Gesund durch Meditation: Das große Buch der Selbstheilung

David Servan-Schreiber
Die Neue Medizin der Emotionen: Stress, Angst, Depression: Gesund werden ohne Medikamente